History of immorality in politics

CONTENT

History of immorality in politics 1
Machiavelli – Nechayev – Lenin – Stalin – and others later. 1
  Whether the policy was always amoral?.................................2
    Machiavelli and machiavellianism. 2
    Machiavellianism in Russia (till 1917) 4
    Sergey Nechayev...4
    Catechism of a Revolutionary 7
  Lenin and Nechayev..13
    "Morality in politics is not. There is only expediency.".........15
  Conclusion. Third Secret of Fatima. 17
IN RUSSIAN 20
Когда и кто сделал политику грязным делом 20
Макиавелли – Нечаев – Ленин – Сталин – и другие позже.......20
  Всегда ли политика была безнравственна? 21
    Макиавелли..21
    Макивелиаллизм в России...21
    Сергей Нечаев...22
    Катехизис революционера...23
  Ленин и Нечаев..27
    «Морали в политике нет. Есть только целесообразность».28
  Заключение. Третья тайна Фатимы. 31
  Literature 35

The front cover photo of Vladimir Lenin at the end of life (1923, Gorki, after the third stroke)

Machiavelli – Nechayev – Lenin – Stalin – and others later.

"Politics and morality are incompatible", *"Politics is a dirty business ... it has always been and so it will"* – such opinions are very often you can hear from a variety of people. More educated people can add that it was at least from the time of Machiavelli. However, in the early XX century, the word "Machiavellianism" was considered a dirty word synonymous with immorality in politics. But immorality (in Russian) is only indifferent to morality, it is not synonymous of amorality, not synonymous with dirty and amoral policy. When and who made politics as a dirty business?

The author believes that the theoretical and practical bases of amorality in the policy were laid down in the 1870s by Russian revolutionary Sergey Nechayev (prototype of the protagonist in the novel "Demons" by Dostoevsky). Then Vladimir Lenin after 1917 fully embodied the "revolutionary catechism" (by Nechayev) in life and in real politics. Later amoral principles also captured global policies too. It is still going on.

Of course, and before Machiavelli (earlier the XV century) "powers" (power rulers of the world) in their policy were not always guided by moral principles – but before Machiavelli's time an immorality in politics was not publicly proclaimed as the norm (as required principle in the policy and as the "true" reality real policy).

Whether the policy was always amoral?

Machiavelli and machiavellianism.

Niccolo di Bernardo dei Machiavelli (1469 – 1527) was an Italian historian, politician, diplomat, philosopher, humanist, and writer based in Florence during the Renaissance. He was for many years an official in the Florentine Republic, with responsibilities in diplomatic and military affairs. He was a founder of modern political science, and more specifically political ethics. He also wrote comedies, carnival songs, and poetry. His personal correspondence is renowned in the Italian language. He was Secretary to the Second Chancery of the Republic of Florence from 1498 to 1512, when the Medici were out of power. He wrote his masterpiece, The Prince, after the Medici had recovered power and he no longer held a position of responsibility in Florence.

Niccolo di Bernardo dei Machiavell

"Machiavellianism" is a widely used negative term to characterize unscrupulous politicians of the sort Machiavelli described in The Prince. The book itself gained enormous notoriety and wide readership because the author seemed to be endorsing behavior often deemed as evil and immoral.

Machiavellianism is one of the three personality traits referred to as the dark triad, along with narcissism and psychopathy. Some psychologists consider Machiavellianism to be essentially a subclinical form of psychopathy.

Anyway, afier XVI century, the Machiavellianism called the policy based on pragmatism and cynicism, on the cult of power and neglecting moral norms. As we have noted above, up to the beginning of XX century (more precisely - up to 1917), the word "Machiavellianism" in Russia (and the world) has had negative, even among many politicians, not to mention the general population - for the most educated people it was just a dirty word.

Machiavellianism in Russia (till 1917)

Modern Russian cynics (who believe that politics has always been a messy affair for all politicians and for all people) - these cynics forget that Machiavelli's major works were published in Russia only in 1869 - two years before the trial of the revolutionary Sergey Nechayev (prototype of Peter Verkhovenskii of "Demons" Dostoevsky). But even the Russian revolutionaries are mostly not taken Machiavellianism in those years, and Nechayev was accused of immoral following these principles. I will not mention the non-revolutionaries: Russian educated society at the time (post-reform years reign of Emperor Alexander II) perceived the Machiavelli's books as monstrous immorality (which it actually is).

This attitude towards politics and politicians - a policy must be moral! - prevailed in the Russian society almost up to 1917. And only the followers of Sergei Nechayev took him terribly amoral "Catechism of a Revolutionary."

Sergey Nechayev

(Excerpts from the Wikipedia article about Sergei Nechayev, with my comments)

Sergey Nechayev (October 2, 1847 – November 21 or December 3, 1882) was a Russian revolutionary associated with the Nihilist movement and known for his single-minded pursuit of revolution by any means necessary, including political violence.

Nechayev organized the first Russian student demonstrations against the government (in St. Petersburg). He knew and worked with such prominent Russian revolutionaries as Vera Zasulich, and later (in Geneva) with Mikhail Bakunin and Alexander Herzen.

Herzen disliked Nechayev's fanaticism and strongly opposed the campaign, believing Nechayev was influencing Bakunin toward more extreme rhetoric.

In late spring 1869, Nechayev wrote Catechism of a Revolutionary, a program for the "merciless destruction" of society and the state. The main principle of the "Catechism"—"***the ends justify the means***"—became Nechayev's slogan throughout his revolutionary career. He believed that the struggle must be carried out by any means necessary, with an unwavering focus on their destruction. The individual self is to be subsumed by a greater purpose in a kind of spiritual asceticism, which for Nechayev was far more than just a theory, but the guiding principle by which he lived his life.

Having left Russia illegally, Nechayev had to sneak back to Moscow via Romania in August 1869 with help from Bakunin's underground contacts.

In Moscow he lived an austere life, spending the fund only on political activities. He pretended to be a proxy of the Russian department of the "Worldwide Revolutionary Union" (which didn't exist) and created an affiliate of a secret society called Narodnaya Rasprava (Народная расправа, "People's Reprisal"), which, he claimed, had existed for quite some time in every corner of Russia. He spoke passionately to student dissidents about the need to organise.

Many were impressed by the young proletarian and joined the group. However, the already fanatical Nechayev appeared to be becoming more distrustful of the people around him, even denouncing Bakunin as doctrinaire, "idly running off at the mouth and on paper". One Narodnaya Rasprava member, I. I. Ivanov, disagreed with Nechayev about the distribution of propaganda, and left the group. On November 21, 1869, Nechayev and several comrades beat, strangled and shot Ivanov, hiding the body in a lake through a hole in the ice. This incident was fictionalised by writer Fyodor Dostoyevsky in his political novel, Demons, published three years later, in which the character, Pyotr Stepanovich Verkhovensky, is based on Nechayev.

The body was soon found, and some of his colleagues arrested, but Nechayev eluded capture, and left for Saint Petersburg in late November where he tried to continue his activities to create a clandestine society. On December 15, 1869, he fled the country, heading back to Geneva.

Nechayev was embraced by Bakunin and Ogarev on his return to Switzerland in January 1870. Soon after their reunion, Herzen died, and a large fund from his personal wealth was made available to Nechayev to continue his political activities. Nechayev issued a number of proclamations aimed at different strata of the Russian population. Together with Ogarev, he published the Kolokol magazine (April–May, 1870, issues 1 to 6). In his article "The Fundamentals of the Future Social System" (Главные основы будущего общественного строя), published in the People's Reprisal (1870, №2), Nechayev shared his vision of a communist system which **Karl Marx and Friedrich Engels would later call "barracks communism".**

However Nechayev's suspicion of his comrades had grown even greater, and he began stealing letters and private papers with which to blackmail Bakunin and his fellow exiles, should the need arise. He enlisted the help of Herzen's daughter Natalie. While clearly not breaking with Nechayev, Bakunin rebuked Nechayev upon discovery of his duplicity: "Lies, cunning [and] entanglement [are] a necessary and marvelous means for demoralising and destroying the enemy, though certainly not a useful means of obtaining and attracting new friends".

In September 1870, Nechayev published an issue of the Commune magazine in London and later, hiding from the tsarist police, went underground in Paris and then Zurich.

On August 14, 1872, Nechayev was arrested in Zurich and handed over to the Russian police. He was found guilty on January 8, 1873, and sentenced to 20 years of katorga (hard labor) for killing Ivanov. Nechayev, while locked up in a ravelin of the Peter and Paul Fortress, managed to win over his guards with the strength of his convictions, and by the late 1870s, he was using them to pass on correspondence with revolutionaries on the outside. In December 1880, Nechayev established contact with the Executive Committee of Narodnaya Volya and proposed a plan for his escape. However, he abandoned the plan due to his unwillingness to distract the efforts of the members of Narodnaya Volya from attempting to assassinate

Alexander II.

In 1882, Nechayev died in his cell.

Despite his personal courage and fanatical dedication to the revolutionary cause, Nechayev's methods (later called Nechayevshchina) were viewed to have caused harm to the Russian revolutionary movement by endangering clandestine organizations. Nechayev's methods and ideas have been successfully implemented by many revolutionaries including Vladimir Lenin and Joseph Stalin.

Sergey Nechayev

Catechism of a Revolutionary

The manifesto is an authoritarian manual for the formation of secret societies.

Its publication in the Government Herald in July 1871 as the manifesto of the Narodnaya Rasprava secret society was one of the most dramatic events of Nechayev's revolutionary life,[1][2] through its words and the actions it inspired establishing Nechayev's importance for the Nihilist movement. The Catechism is divided into two sections; General Rules of the Organisation and Rules of Conduct of Revolutionaries, 22 and 26 paragraphs long respectively.

The most radical document of its age,the Catechism outlined the authors' revolutionary Jacobin program of organisation and discipline, a program that became the backbone of the radical movement in Russia. The revolutionary is portrayed in the Catechism as an amoral avenging angel, an expendable resource in the service of the revolution, committed to any crime or treachery necessary to effect the downfall of the prevailing order.

Thus, the "Catechism of a Revolutionary," was first published in Geneva in 1869 [3]. Since it began in Russia and scrapped moral core in the political struggle. Let us read excerpts from this "instruction basic truths" revolutionary.

Below I quote Catechism of a Revolutionary" from the text http://www.spunk.org/library/places/russia/sp000116.txt

The Duties of the Revolutionary toward Himself

1.   The revolutionary is a doomed man. He has no personal interests, no business affairs, no emotions, no attachments, no property, and no name. Everything in him is wholly absorbed in the single thought and the single passion for revolution.

2.   The revolutionary knows that in the very depths of his being, not only in words but also in deeds, he has broken all the bonds which tie him to the social order and the civilized world with all its laws, moralities, and customs, and with all its generally accepted conventions.   He is their implacable enemy, and if he continues to live with them it is only in order to destroy them more speedily.

3.   The revolutionary despises all doctrines and refuses to accept the mundane sciences, leaving them for future generations. He knows only one science: the science of destruction.   For this reason, but only for this reason, he will study mechanics, physics, chemistry, and perhaps medicine.   But all day and all night he studies the vital science of human beings, their characteristics and circumstances, and all the phenomena of the present social order.

The object is perpetually the same: the surest and quickest way of destroying the whole filthy order.

*4.   The revolutionary despises public opinion. He des***pises and hates the existing social morality in all its manifestations. For him, morality is everything which contributes to the triumph of the revolution.*** Immoral and criminal is everything that stands in its way.*

5. *The revolutionary is a dedicated man, merciless toward the State and toward the educated classes; and he can expect no mercy from them. Between him and them there exists, declared or concealed, a relentless and irreconcilable war to the death. He must accustom himself to torture.*

6. *Tyrannical toward himself,* **he must be tyrannical toward others. All the gentle and enervating sentiments of kinship, love, friendship, gratitude, and even honor, must be suppressed in him and give place to the cold and singleminded passion for revolution. For him, there exists only one pleasure, on consolation, one reward, one satisfaction -- the success of the revolution.** *Night and day he must have but one thought, one aim -- merciless destruction.* **Striving cold-bloodedly and indefatigably toward this end, he must be prepared to destroy himself and to destroy with his own hands everything that stands in the path of the revolution.**

7. *The nature of the true revolutionary excludes all sentimentality, romanticism, infatuation, and exaltation. All private hatred and revenge must also be excluded. Revolutionary passion, practiced at every moment of the day until it becomes a habit, is to be employed with cold calculation. At all times, and in all places, the revolutionary must obey not his personal impulses, but only those*

The Relations of the Revolutionary toward his Comrades

8. *The revolutionary can have no friendship or attachment, except for those who have proved by their actions that they, like him, are dedicated to revolution. The degree of friendship, devotion and obligation toward such a comrade is determined solely by the degree of his usefulness to the cause of total revolutioary destruction.*

9. *It is superfluous to speak of solidarity among revolutionaries. The whole strength of revolutionary work lies in this. Comrades who possess the same revolutionary passion and understanding should, as much as possible, deliberate all important matters together and come to unanimous conclusions. When the plan is finally decided upon, then the revolutionary must rely solely on himself. In carrying out acts of destruction, each one should act*

alone, never running to another for advice and assistance, except when these are necessary for the furtherance of the plan.

10. All revolutionaries should have under them second- or third-degree revolutionaries -- i.e., comrades who are not completely initiated. these should be regarded as part of the common revolutionary capital placed at his disposal. This capital should, of course, be spent as economically as possible in order to derive from it the greatest possible profit. The real revolutionary should regard himself as capital consecrated to the triumph of the revolution; however, he may not personally and alone dispose of that capital without the unanimous consent of the fully initiated comrades.

11. When a comrade is in danger and the question arises whether he should be saved or not saved, the decision must not be arrived at on the basis of sentiment, but solely in the interests of the revolutionary cause. Therefore, it is necessary to weigh carefully the usefulness of the comrade against the expenditure of revolutionary forces necessary to save him, and the decision must be made accordingly.

The Relations of the Revolutionary toward Society

12. The new member, having given proof of his loyalty not by words but by deeds, can be received into the society only by the unanimous agreement of all the members.

*13. The revolutionary enters the world of the State, of the privileged   classes, of the so-called civilization, and he lives in this world only for the purpose of bringing about its speedy and total destruction. He is not a revolutionary if he has any sympathy for this world. **He should not hesitate to destroy any position, any place, or any man in this world. He must hate everyone and everything in it with an equal hatred.** All the worse for him if he has any relations with parents, friends, or lovers; he is no longer a revolutionary if he is swayed by these relationships.*

14. Aiming at implacable revolution, the revolutionary may and   frequently must live within society will pretending to be completely different from what he really is, for he must penetrate everywhere, into all the higher and middle-classes, into the houses of commerce, the churches, and the palaces of the aristocracy, and into the worlds of the bureaucracy and literature and the military, and also into the Third Division and the Winter Palace of the Czar.

15.   This filthy social order can be split up into several categories. The first category comprises those who must be condemned to death without delay. Comrades should compile a list of those to be condemned according to the relative gravity of their crimes; and the executions should be carried out according to the prepared order.

16.   When a list of those who are condemned is made, and the order of execution is prepared, no private sense of outrage should be considered, nor is it necessary to pay attention to the hatred provoked by these people among the comrades or the people. Hatred and the sense of outrage may even be useful insofar as they incite the masses to revolt. It is necessary to be guided only by the relative usefulness of these executions for the sake of revolution. Above all, those who are especially inimical to the revolutionary organization must be destroyed; their violent and sudden deaths will produce the utmost panic in the government, depriving it of its will to action by removing the cleverest and most energetic supporters.

17.   The second group comprises those who will be spared for the time being in order that, by a series of monstrous acts, they may drive the people into inevitable revolt.

18.   The third category consists of a great many brutes in high positions, distinguished neither by their cleverness nor thei energy, while enjoying riches, influence, power, and high positions by virute of their rank. These must be exploited in every possible way; they must be implicated and embroiled in our affairs, their dirty secrets must be ferreted out, and they must be transformed into slaves. Their power, influence, and connections, their wealth and their energy, will form an inexhaustable treasure and a precious help in all our undertakings.

19.   The fourth categoy comprises ambitious office-holders and liberals of various shades of opinion. The revolutionary must pretend to collaborate with them, blindly following them, while at the same time, prying out their secrets until they are completely in his power. They must be so compromised that there is no way out for   them, and then they can be used to create disorder in the

State.

20.   The fifth category consists of those doctrinaires, conspirators, and revolutionists who cut a great figure on paper or in their cliques.   They must be constantly driven on to make compromising declarations: as a result, the majority of them will be destroyed, while a minority will become genuine revolutionaries.

21. The sixth category is especially important: women. They can be divided into three main groups. First, those frivilous, thoughtless, and vapid women, whom we shall use as we use the third and fourth category of men. Second, women who are ardent, capable, and devoted, but whom do not belong to us because they have not yet achieved a passionless and austere revolutionary understanding; these must be used like the men of the fifth category. Finally, there are the women who are completely on our side -- i.e., those who are wholly dedicated and who have accepted our program in its entirety. We should regard these women as the most valuable or our treasures; without their help, we would never succeed.

The Attitude of the Society toward the People

22.   The Society has no aim other than the complete liberation and happiness of the masses -- i.e., of the people who live by manual labor.   Convinced that their emancipation and the achievement of this happiness can only come about as a result of an all-destroying popular revolt, the Society will use all its resources and energy toward increasing and intensfying the evils and miseries of the people until at last their patience is exhausted and they are driven to a general uprising.

23. By a revolution, the Society does not mean an orderly revolt according to the classic western model -- a revolt which always stops short of attacking the rights of property and the traditional social systems of so-called civilization and morality. Until now, such a revolution has always limited itself to the overthrow of one political form in order to replace it by another, thereby attempting to bring about a so-called revolutionary state. The only form of revolution beneficial to the people is one which destroys the entire State to the roots and exterminated all the state traditions, institutions, and classes in Russia.

24. With this end in view, the Society therefore refuses to impose any new organization from above. Any future organization will doubtless work its way through the movement and life of the people; but this is a matter for future generations to decide. **Our task is terrible, total, universal, and merciless destruction.**

25. Therefore, in drawing closer to the people, we must above all make common cause with those elements of the masses which, since the foundation of the state of Muscovy, have never ceased to protest, not only in words but in deeds, against everything directly or indirectly connected with the state: against the nobility, the bureaucracy, the clergy, the traders, and the parasitic kulaks. **We must unite with the adventurous tribes of brigands, who are the only genuine revolutionaries in Russia.**

26. To weld the people into one single unconquerable and all-destructive force -- this is our aim, our conspiracy, and our task.

Here's a "catechism" ...

Of course, not all ordinary revolutionaries and not even all of their leaders were quite consistent with this "ideal", but in the biographies of each of the leaders of the Bolshevik seen this devilish fire of Nechayev's "catechism."

Lenin and Nechayev

Lenin not only appreciated Nechayev and considered him "titanium of revolution", but took a lot from him in matters of tactics and methods of combating opponents. In the first years after the October Revolution of 1917, Lenin even tried to build in Russia so-called "war communism" - by prescription of Nechayev.

Barracks communism (also referred to as Nechayevshchina) is the term coined by Karl Marx to refer to a "crude," authoritarian, forced collectivism and communism, where all aspects of life are bureaucratically regimented and communal. In particular, Marx used the expression to criticise the vision of Sergey Nechayev, outlined in Fundamentals of the Future Social System.

Vladimir Lenin

The Lenin's attempt of "Barracks communism" in Russia (in 1917-1920) failed, but all the rest of his life (till his dead in 1924) Lenin very much appreciated the theory and practice of Sergei Nechayev.

In 1926 in Moscow the book by Bolshevik historian Alexander Gambarova "In disputes about Nechayev" [4] was published . In it he writes: "... *Nechayev went to the triumph of the social revolution by true means, and that in due his time he failed, the same after many years the Bolsheviks make, - Bolsheviks who were able to realize a lot of the tactical methods, first put forward by Nechayev.*"

According Gambarov, Nechayev was ahead of his time, and he was not only a Bolshevik, but Leninist. Having established what is Nechaevsky "Leninism" Qambarov writes: "*The revolution sanctifies all the means in the political struggle. For this basic maxim on Nechayev attacked all his political enemies and opponents (of Katkov to populists) and a whole galaxy of bourgeois historians, counting the "disgusting" inherent Nechayev "Machiavellianism." Anticipating this, Nechayev has repeatedly declared his "contempt for public opinion" and even proud of similar attacks against him. Hence the position that served Nechayev motto: "**Who is not with us is against us.**" Is not this the same motto guided mass in October 1917, when they went against the strongholds of capital against yesterday's false friends of the revolution? ".*

Let me correct Bolshevik historian: not mass, of course, but the Bolshevik leaders and their militias. In October 1917, there were still quite a bit. Anyway, but Gambarov found all the main characteristics of the Bolshevik communism in he Nechayev's ideology.

"Morality in politics is not. There is only expediency."

In the circle of his closest associates, Lenin admired Nechayev, calling it a "titanium revolution." When creating his own party and later Lenin always applied methods Nechayev and preached his ideas. And only in this light, mysterious ways and methods of the Bolshevik Party and the revolution became clear.

Vladimir Bonch-Bruevich, one of the closest associates of Lenin (from the founding days of the Bolshevik Party), wrote after the leader's death (in 1934) in the journal "Thirty Days" [5]:

<<*Till now Nechayev has not been studied by us. Vladimir Ilyich often wondered over Nechayev's leaflets - Lenin did it at the time when and while the word "Nechaev" and "Nechayevshina" even among his friends were almost swear words, when these terms would impose those who sought to propaganda of takeover proletariat to an armed uprising and unfailing pursuit of dictatorship of the proletariat, when Nechayev was called, as if it is particularly bad, "Russian Blancists" - Vladimir Ilyich often said what a neat trick done with Nechayev reactionaries with a light hand of Dostoevsky and his disgusting, but the genius of the novel "The Possessed", when even the revolutionary environment has negatively relate to Nechayev ... Vladimir Ilyich said:*

It is forgotten that Nechayev had a flair for the organizer, the ability to establish specific skills throughout secret work, was able to clothe their thoughts in such great statements that were memorable for a lifetime. Suffice it to recall his answer in one leaflet, when on the question "who should be destroy of the reigning house?" Nechayev gives an accurate answer:" all great litany "[1] After all, it is formulated so simple and clear that it is clear for everyone who lived at that time in Russia, when Orthodoxy prevailed when the vast

---

1   Ekteniya (also Litany, Greek. - "Distribution, Continuous prayer"), in worship - title sequence prayer petitions. Litany - one of the main components of the worship, important part of the greater part of worship in the Orthodox Church.

*majority anyway, for one reason or another, all pepole were in church, and everyone knew that royal house of Romanov is glorify up in the great litanies. **Who of the House of Romanov must be destroyed? – ask himself the easiest reader. Yes, the whole house of Romanovs! – He must give an answer himself. After all, it's just to genius.***"*

So repeatedly said Vladimir Ilyich.>>

We note in passing that these confessions of closest ally of Lenin are actually guilty verdict to him in the murder of Imperial family and their closest relatives (grand dukes and duchesses) in 1918. ...

In a speech given October 4, 1920 in Moscow, Lenin said [5]:

"Any morality out off class-straggle concepts we deny. We say that it is cheating. We say: morally is what serves to destroy the old exploiting society."

Before the dispersal of the Constituent Assembly (in January 1918) Lenin had a conversation with a group of Left Srs; as recalled S. Mstislavsky in his "Notes on Lenin", <<*Maria Spiridonova said very excitedly: said something about "hooliganism" and about a morality . Lenin immediately raised his eyebrows:*

"A morality is absent in politicst. There is only

expediency.>>[6, v. 5, c.166]**.

In fact, Lenin considered as his main ally not so much "class-conscious proletariat" as – like Nechayev – human despair and brutality. Inciting daring members of its Central Committee, who did not believe in the success of the uprising, on the eve of the October Revolution (October 25, 1917), he wrote to them: *"On July 3-4, the uprising was a mistake ... there was no such" brutality "... Now the picture quite different ... Our victory is assured, because people already close to despair. "* [7, 34, p. 244].

So, to sum all of the above, we can make the following brief conclusion:

At the beginning of XX century and earlier, Russian society was confident that the policy (and external and internal) must be moral. And until 1917, Lenin could admire Nechayev only in a narrow range closest associates.

After the Bolshevik Revolution in 1917, many aspects of the theory and methods of Nechayev used most deeply in three directions. First, this "militant atheism" - a bitter struggle against religion and the Church, persecution and repression against the priests, and it was aggressive atheist propaganda too. Second, is the organization and work of the new "secret police" (Cheka-GPU-NKVD-KGB). Third, is the organization and work of the Comintern[2] - the organization whose task was to "incitement of the world revolution." Agents of the Comintern worked extensively around the world until the Second World War. Of course, the Bolshevik ideology was also imbued with the spirit of "Nechaevshchina" and often used some of his methods of organization and propaganda.

Although after 1991 the ideas of communism collapsed and greatly weakened in the new Russia (during the reign of Boris Yeltsin), nevertheless, "birthmarks" Bolshevik ideology (and "birthmarks" of Stalinism) is still going strong in some parts of the ruling elites in Kremlin. This remains a problem for the Russian civil society.

Conclusion. Third Secret of Fatima.

In this brochure, I did not set goals to tell the full story of degradation of morality in politics in the whole world, or at least only in Russia (USSR) after 1917. Of course, the First World War was the beginning ("red line") of an explicit immorality in politics for the whole world. In different countries, this degradation was at a different rate and had their national and historical roots. However, the victory of Leninism-Stalinism in the ideology of power in the USSR had a huge impact (direct or indirect, and multidirectional) on the policy of many countries.

---

2   The Communist International, abbreviated as Comintern and also known as the Third International (1919–1943), was an international communist organization initiated in Moscow during March 1919. The International intended to fight "by all available means, including armed force, for the overthrow of the international bourgeoisie and for the creation of an international Soviet republic as a transition stage to the complete abolition of the State."

In this regard, we should mention about the apparitions of Our Lady of Fatima (in Portuguese countryside), which were revealed three children in summer 1917. [8] One of these children, Lúcia dos Santos (known later as a nun Luciaб or Sister Lúcia of Fátima, 1907-2005) has received three prophecies from Virgin Mary. One of these prophecies concerning the future of Russia.

The events at Fátima gained fame due to elements of secrets, prophecy and eschatology, particularly with regard to World War II and possible world wars in the future. Chief among these is also the alleged urgent need for the Consecration of Russia to the Immaculate Heart of Mary. The reported apparitions at Fátima were officially declared "worthy of belief" by the Catholic Church.

The second prophecy of the Virgin came to the two world wars and the future of Russia. The second secret included Mary's instructions on how to save souls from hell and convert the world to the Christian faith, also revealed by Lúcia in her Third Memoir:

"You have seen hell where the souls of poor sinners go. To save them, God wishes to establish in the world devotion to my Immaculate Heart. If what I say to you is done, many souls will be saved and there will be peace. The war is going to end: but if people do not cease offending God, a worse one will break out during the Pontificate of Pius XI. When you see a night illuminated by an unknown light, know that this is the great sign given you by God that he is about to punish the world for its crimes, by means of war, famine, and persecutions of the Church and of the Holy Father. **To prevent this, I shall come to ask for the consecration of Russia to my Immaculate Heart, and the Communion of reparation on the First Saturdays. If my requests are heeded, Russia will be converted, and there will be peace; if not, she will spread her errors throughout the world, causing wars and persecutions of the Church. The good will be martyred; the Holy Father will have much to suffer; various nations will be annihilated. In the end, my Immaculate Heart will triumph. The Holy Father will consecrate Russia to me, and she shall be converted, and a period of peace will be granted to the world."** [8]

Obviously, under the "false doctrines of Russia" (in another translation "errors of Russia") Virgin meant the ideology of communism - Leninism, which actively spread from the USSR (until the Second World War, through the organization of the Comintern).

Of course, it would be wrong to say that modern Russia is the same "evil empire" (in the words of Ronald Reagan), what was the Soviet Union during the Lenin and Stalin. The author does not say it, but only considers the history of immorality in the political struggle in Russia in the late XIX - early XX century. Another thing is that the "birthmarks" of the Bolshevik ideology (in the form of nostalgia for empire and some sympathy for Stalinism) exist in some part of the Kremlin's power elites till now.

There is a third mystery (third prophecy) Virgin, which is not open yet. In 2008, the Vatican said that this prophecy will be opened after 2014 ... [9]

Pope John Paul II (1920-2005, pope in 1978-2005) devoted much time to the miracle of Fatima. In 1981, an attempt was made on him. He survived. He was saved only that when a shot he turned to the girl out of the crowd that held the image of Our Lady of Fatima. However, the pontiff was seriously wounded. While in the hospital, out of his chamber,he was on the phone with nun Lucia, corresponded with her during treatment and read everything he could about Fatima. Recovering, John Paul II said to his friend Paul Hnilitse:

"In these three months, **I realized that can solve all the world's problems, put an end to wars, to get rid of atheism and lawlessness. This is a transformation, the conversion of Russia to the Heart of the Mother of God.** *The conversion of Russia - in this basic sense of Fatima. After it, the triumph of Virgin Mary will be accomplished"*

Of course, this does not mean that Russia should adopt Catholicism. Orthodox thinker Vladimir Zelinsky so wrote about it:

"We do not know all the hidden threads connecting the separated Churches, which remain at a depth of a single church, and Fatima reveals this moment of unity in front of us ... And through this revelation of the West to Russia, probably, it will be happen oncoming revelation - of Russia to the West .. . Fatima is the great news of the mysterious and providential meeting, which is still ahead of us and that will be accomplish under the cover of the Mother of

God." (" Russian Thought", May 17, 1991).

Когда и кто сделал политику грязным делом

Макиавелли – Нечаев – Ленин – Сталин – и другие позже.

«Политика и нравственность несовместимы», *«Политика — грязное дело... **так было всегда и так будет**»* — подобные мнения очень часто можно услышать от самых разных людей, особенно у нас в России. Более образованные добавят еще, что так было по крайней мере со времен Макиавелли. Однако, ещё в начале XX века слово «макиавеллизм» считалось ругательным синонимом имморализма в политике. Но имморализм это ещё не аморализм, не синоним грязной и безнравственной политики. Когда и кто сделал политику грязным делом?

Автор считает, что теоретические и практические основы аморализма в политике заложил в 1870-х годах русский революционер Сергей Нечаев (прототип главного героя в романе «Бесы» Достоевского). Затем Владимир Ленин после 1917 года полностью воплотил «катехизис революционера» в жизнь и в реальную политику. Затем аморальные принципы захватили также и глобальную политику. Это продолжается до сих пор.

Конечно, и до Макиавелли (до XV века) «сильные мира сего» в своей политике далеко не всегда руководствовались нравственными принципами – но до Макиавелли имморализм в политике не был публично провозглашён как норма (как необходимый в политике принцип действия и «правильная» реальность).

Всегда ли политика была безнравственна?

Макиавелли

Никколо Макиавелли (1469—1527) — итальянский мыслитель, писатель и политический деятель, занимавший во Флоренции пост государственного секретаря. Он выступал сторонником сильной государственной власти, для укрепления которой допускал применение любых средств, что выразил в своем труде «Государь». Макиавелли принято изображать тонким циником, считающим, что в основе политического поведения лежат выгода и сила, и что в политике следует опираться на силу, а не на мораль. Он считал, что моралью можно и пренебречь — при наличии благой цели (этот принцип называется имморализмом). Впрочем, такие представления следует отнести скорее к исторически сформировавшемуся образу Макиавелли, нежели к объективной реальности.

Так или иначе, макиавеллизмом с XVI века называется политика, основанная на прагматизме и цинизме, на культе силы, и пренебрегающая нормами морали.

Как мы уже отметили выше, до начала XX века (точнее — до 1917 года) слово «макиавеллизм» в России (да и во всем мире) имело весьма отрицательное значение даже среди многих политиков, не говоря уже о широких слоях населения — для большинства образованных людей это слово было просто ругательным.

Макивелиаллизм в России

Современные русские циники (которые считают, что политика всегда была грязным делом для всех политиков и для всех людей) – эти циники забыли, что главные труды Макиавелли были опубликованы в России в 1869 году — за два года до суда над революционером-бланкистом Сергеем Нечаевым (прототипом Петра Верховенского из «Бесов»

Достоевского). Но даже русские революционеры в большинстве своем не приняли в те годы макиавеллизм, и именно Нечаев был обвиняли в следовании этим безнравственным принципам. Я не говорю уже о не-революционерах: образованное общество России в то время (пореформенные годы правления императора Александра II) восприняло книги Макиавелли как чудовищный имморализм (чем он и является на самом деле).

Такое отношение к политике и политикам — политика должна быть нравственной! — господствовало в российском обществе почти до 1917 года, и только последователи Сергея Нечаева приняли его чудовищно безнравственный «Катехизис революционера».

Сергей Нечаев

Сергей Нечаев (1847—1882) – сын маляра, выучившийся на учителя, с осени 1868 года вел революционную пропаганду среди студентов Санкт-Петербургского университета и медицинской академии, и первые в истории России студенческие волнения в феврале 1869 года были в значительной мере его делом.

Потом он уехал за границу, завязал знакомство с Бакуниным и Огаревым. В сентябре 1869 года вернулся в Россию и основал революционное «Общество народной расправы», где стал членом центрального комитета. Общество имело отделения в Петербурге, Москве и других городах. Дело мирной пропаганды, по мнению Нечаева, было кончено: приближается страшная революция, которая должна готовиться строго конспираторским способом, и дисциплина должна быть абсолютной. Когда студент Иван Иванов обнаружил неповиновение воле Нечаева, тот решил устранить его, повязав при этом кровью членов центрального комитета. В ноябре 1869 года Иванов был убит Нечаевым, Успенским, Прыжовым, Кузнецовым и Николаевым.

Сам Нечаев успел бежать за границу, но его товарищи были найдены и преданы суду. Судились они в 1871 году не только за убийство, но и за образование революционного общества. К делу было привлечено восемьдесят семь человек. Участники убийства Иванова были приговорены к каторжным работам на разные сроки, другие обвиняемые — к более мягким наказаниям, некоторых оправдали.

За границей Нечаев издавал журнал «Народная Расправа». У большинства русских эмигрантов остались очень неприятные воспоминания об этом человеке. Крайне отрицательная характеристика молодого поколения революционеров, сделанная Герценом (в статьях, вышедших посмертно), по-видимому, внушена знакомством с Нечаевым. В 1872 году швейцарское правительство выдало Нечаева России как уголовного преступника. Его судили в московском окружном суде присяжных в 1873 году и приговорили к двадцатилетним каторжным работам на рудниках. В дальнейшем он был посажен в Петропавловскую крепость.

Катехизис революционера

Итак, «Катехизис революционера» впервые был опубликован в Женеве, в 1869 году [3]. **С него и начался в России слом нравственного стержня в политической борьбе.** Давайте почитаем выдержки из этого «наставления основных истин» революционера.

<u>Отношение революционера к самому себе</u>

Он в глубине своего существа не на словах только, а на деле разорвал всякую связь с гражданским порядком и со всем образованным миром и со всеми законами, приличиями, общепринятыми условиями, – он разорвал связь с нравственностью этого мира. Этот мир для него — беспощадный враг, и если он продолжает жить в нем, то только для того, чтобы его вернее разрушить. <...>

Он презирает общественное мнение. **Он**

презирает и ненавидит во всех ее побуждениях и проявлениях нынешнюю общественную нравственность. **Нравственно для него только всё то, что способствует торжеству революции.**

Революционер — человек обреченный. У него нет ни своих интересов, ни дел, ни чувств, ни привязанностей, ни собственности, ни даже имени. Все в нем поглощено единственным исключительным интересом, единою мыслью, единою страстью — революцией. <...>

Отношение революционера к товарищам по революции.

Другом и милым человеком для революционера может быть только человек, заявивший себя на деле таким же революционером, как и он сам. **Мера дружбы, преданности и прочих обязанностей в отношении к такому товарищу определяется единственно степенью полезности в деле всеразрушительной практической революции.** <...>

У каждого товарища должно быть под рукой несколько революционеров второго и третьего разрядов, то есть не совсем посвященных. На них он должен смотреть, как на часть общего революционного капитала, отданного в его распоряжение. Он должен экономически тратить свою часть капитала, стараясь всегда извлечь из него наибольшую пользу.

Когда товарищ попадает в беду, решая вопрос, спасать его или нет, революционер должен соображаться не с какими-нибудь личными чувствами, но только с пользою революционного дела. Поэтому он должен взвесить пользу, приносимую товарищем — с одной стороны, а с другой — трату революционных сил, потребных на его избавление, и на которую сторону перетянет, так и должен решить. <...>

Отношение революционера к обществу

Революционер вступает в государственный, сословный и так называемый образованный мир и живет в нем только с целью его полнейшего, скорейшего разрушения. Он не революционер, если ему чего-нибудь жаль в этом мире, если он может остановиться перед истреблением положения, отношения или какого-нибудь человека, принадлежащего к этому миру, в котором — все и все должны быть ему ненавистны. Тем хуже для него, если у него есть в нем родственные, дружеские или любовные отношения — он не революционер, если они могут остановить его руку.

Все это поганое общество должно быть раздроблено на несколько категорий. **Первая категория — неотлагаемо осужденных на смерть.** Да будет составлен товариществом список таких осужденных по порядку их относительной зловредности для успеха революционного дела, так, чтобы предыдущие нумера убрались прежде последующих.

<...> Прежде всего, должны быть уничтожены люди, особенно вредные для революционной организации, и такие, внезапная и насильственная смерть которых может навести наибольший страх на правительство, и, лишив его умных и энергичных деятелей, потрясти его силу. <...>

Отношение товарищества к народу

У товарищества нет другой цели, кроме полнейшего освобождения и счастья народа, то есть чернорабочего люда. Но убежденные в том, что это освобождение и достижение этого счастья возможно только путем всесокрушающей народной революции, **товарищество всеми силами и средствами будет способствовать развитию и разобщению тех бед и тех зол, которые должны вывести, наконец, народ из терпения и побудить его к поголовному восстанию.**

Под революциею народною товарищество разумеет не регламентированное движение по западному классическому образцу — движение, которое, всегда останавливаясь перед собственностью и перед традициями общественных порядков так называемой цивилизации и нравственности, до сих пор ограничивалось везде низвержением одной политической формы для замещения ее другою и стремилось создать так называемое революционное государство. **Спасительной для народа может быть только та революция, которая уничтожит в корне всякую государственность и истребит все государственные традиции, порядки и классы в России.** <…>Наше дело — страстное, полное, повсеместное и беспощадное разрушение.

Поэтому, сближаясь с народом, мы прежде всего должны соединиться с ЛИХИМ РАЗБОЙНИЧЬИМ МИРОМ, этим истинным и единственным революционером в России.

Вот такой «катехизис»...

Конечно, не все рядовые революционеры и даже не все их вожди вполне соответствовали этому «идеалу», но в

27

биографии каждого из лидеров большевиков виден дьявольский огонь этого «катехизиса».

Ленин и Нечаев

Ленин не только ценил Нечаева и считал его «титаном революции», но многое воспринял от него в вопросах тактики и методов борьбы с противниками. В первые годы после Октябрьской революции 1917 года Ленин даже пытался построить в России так называемый «военный коммунизм» – по рецептам Нечаева. Эта попытка провалилась, но Ленин до конца жизни высоко ценил теорию и практику Сергея Нечаева.

В 1926 году в Москве была опубликована книга большевистского историка Александра Гамбарова «В спорах о Нечаеве» [4]. В ней он пишет: «...К торжеству социальной революции Нечаев шел верными средствами, и то, что в свое время не удалось ему, то удалось через много лет большевикам, которые сумели воплотить в жизнь много тактических положение, впервые выдвинутых Нечаевым».

Но мнению Гамбарова, Нечаев опередил своё время и был не только большевиком, но и ленинцем. Установив, в чем заключается нечаевский «ленинизм», Гамбаров пишет: «Революция одинаково освящает все средства в политической борьбе. За эту основную максиму на Нечаева набрасывались все его политические враги и противники от Каткова до народников и целой плеяды буржуазных историков, считая «отвратительным» присущий Нечаеву «макиавеллизм». Предвидя это, Нечаев неоднократно заявлял о своем «презрении к общественному мнению» и даже гордился подобными выпадами против него. Отсюда положение, служившее Нечаеву девизом: «***Кто не за нас, тот против нас***». А разве не этим же девизом руководились массы в октябре 1917 года, когда они шли против твердыни капитала, против вчерашних лжедрузей революции?».

Поправим большевистского историка: не массы, конечно, а большевистские вожди и их боевые отряды. Их в октябре 1917 года было еще совсем немного.

Так или иначе, но Гамбаров нашел в идеологии Нечаева все основные характеристики большевистского коммунизма.

«Морали в политике нет. Есть только целесообразность».

В кругу своих ближайших соратников Ленин восторгался Нечаевым, называя его «титаном революции». При создании своей партии и позднее Ленин всегда применял методы Нечаева и проповедовал его идеи. И только в этом свете таинственные пути и методы большевистской партии и революции становятся понятны.

Владимир Бонч-Бруевич, один из ближайших соратников Ленина с самого дня основания большевистской партии, писал после смерти вождя (в 1934 году) в журнале «Тридцать дней» [5]:

> До сих пор не изучен нами Нечаев, над листовками которого Владимир Ильич часто задумывался, и когда в то время слова «нечаевщина» и «нечаевцы» даже среди эмиграции были почти бранными словами, когда этот термин хотели навязать тем, кто стремился к пропаганде захвата власти пролетариатом, к вооруженному восстанию и к непременному стремлению к диктатуре пролетариата, когда Нечаева называли, как будто бы это особенно плохо, «русским бланкистом», — Владимир Ильич нередко заявлял о том, что какой ловкий трюк проделали реакционеры с Нечаевым с легкой руки Достоевского и его омерзительного, но гениального романа «Бесы», когда даже революционная среда стала относиться отрицательно к Нечаеву... Владимир Ильич говорил:

"Совершенно забывают, что Нечаев обладал особым талантом организатора, умением всюду устанавливать особые навыки конспиративной работы, умел свои мысли облачать в такие потрясающие формулировки, которые оставались памятны на всю жизнь. Достаточно вспомнить его ответ в одной листовке, когда на вопрос «кого же надо уничтожить из царствующего дома?» Нечаев дает точный ответ: «всю большую ектению"3. Ведь это сформулировано так просто и ясно, что понятно для каждого человека, жившего в то время в России, когда православие господствовало, когда огромное большинство так или иначе, по тем или другим причинам, бывали в церквах, и все знали, что на великой, на большой ектений вспоминается весь царствующий дом Романовых. Кого же уничтожить из них? — спросит себя самый простой читатель. Да весь дом Романовых! — должен он был дать себе ответ. Ведь это просто до гениальности". Так неоднократно говорил Владимир Ильич

Заметим в скобках, что эти признания ближайшего соратника вождя фактически являются обвинительным приговором Ленину в убийстве Царской семьи и их ближайших родственников (великих князей и княжен) в 1918 году.

…В речи, произнесенной 4 октября 1920 года в Москве, Ленин сказал [5]:

«Всякую нравственность внеклассового понятия мы отрицаем. Мы говорим, что это

---

3 Ектения (также ектенья, эктения; поздн. греч. — «распространение, протяжное моление»), в богослужении — название последовательности молитвенных прошений. Ектения — одна из главных составных частей богослужения, входит в состав большей части богослужений в православной церкви.

обман. Мы говорим: нравственно то, что служит разрушению старого эксплуататорского общества».

Перед разгоном Учредительного собрания (в январе 1918 года) состоялся разговор Ленина с группой левых эсеров, о чем вспоминал С. Мстиславский в своих «Записках о Ленине»: «Спиридонова говорила очень возбужденно: сказала что-то о «хулиганстве» и упомянула о морали. Ленин сейчас же поднял брови: ***Морали в политике нет. Есть только целесообразность*** [6, т. 5, с.166].

Своими главными союзниками он на самом деле считал не столько «сознательный пролетариат», сколько — подобно Нечаеву — людское отчаяние и озверение. Подстрекая к дерзанию членов своего ЦК, не веривших в успех восстания, он накануне Октября писал им так: «3–4 июля восстание было бы ошибкой... не было такого «озверения»... Теперь картина совсем иная... За нами верная победа, ибо народ уже близок к отчаянию». [7, т. 34, с. 244].

Итак, обобщая всё вышесказанное, мы можем сделать следующий краткий вывод:

В начале XX века и ранее российское общество было уверено, что политика (и внешняя, и внутренняя) должна быть нравственной. И до 1917 года Ленин мог восхищаться Нечаевым только в узком кругу ближайших соратников.

После большевистской революции 1917 года многие аспекты теории и методов Нечаева наиболее глубоко использовались в трёх направлениях. Во-первых, это «воинствующий атеизм» – жестокая борьба против религии и Церкви, преследования и репресси против священников и агрессивная атеистическая пропаганда. Во-вторых, это организация и работа новой «тайной политической полиции» (ВЧК-ГПУ-НКВД-КГБ). В третьих, это организация и работа Коминтерна – организация, задачей которой было «разжигание мировой революции». Агенты Коминтерна активно работали по всему миру вплоть до Второй мировой войны. Конечно, сама большевистская идеология также была пропитана духом «нечаевщины» и нередко использовала некоторые его методы организации и пропаганды.

Хотя после 1991 года идеи коммунизма потерпели крах и сильно ослабли в новой России (в период правления Бориса Ельцина), тем не менее, «родимые пятна» большевистской идеологии (и «родимые пятна» сталинизма) до сих пор сильны в некоторой части властных элит в Кремле. Это остаётся больной проблемой для российского гражданского общества.

Заключение. Третья тайна Фатимы.

В этой брошюре я не ставил цели рассказать полную историю деградации нравственности в политике в мире в целом или хотя бы только в России (в СССР) после 1917 года. Конечно, Первая мировая война явилась рубежом начала явного имморализма в политике для всего мира. В разных странах эта деградация шла с разной скоростью и имела свои национальные и исторические корни. Однако, победа ленинизма-сталинизма в идеологии власти в СССР имела огромное влияние (прямое или косвенное, и разнонаправленное) на политику многих стран мира.

В этой связи нельзя не упомянуть об откровениях Девы Марии в португальской деревне Фатима, которые были явлены трём детям летом 1917 года [8]. Одна из этих детей, Люция Сантуш (Lúcia dos Santos. известная позже как монахиня Люция, 1907-2005) получила от Девы Марии три пророчества. Одно из этих пророчеств касалось будущего России.

События в Фатиме постепенно завоевали большую популярность в Европе (а затем и в мире) благодаря элементам тайны, пророчеств и эсхатологии, особенно в связи со Второй мировой войны и возможных мировых войн в будущем. Главным из них является также предполагаемый настоятельная необходимость освящения России к Непорочного Сердца Марии. Опубликованные явления в Фатиме были официально объявлены "достоин веры" католической церковью.

Второе пророчество Богородицы касалось двух мировых войн и будущего России.

Предсказывает конец Первой мировой войны, и начало Второй мировой войны, если Россия не будет посвящена Пренепорочному Сердцу Богоматери.

*«Вы видели ад, куда отправляются души бедных грешников. Чтобы спасти их, Бог хочет установить в мире почитание Моего Пренепорочного Сердца. Если то, что я вам скажу, будет исполнено, много душ будет спасено и настанет мирное время. Война скоро закончится. Но если люди не перестанут оскорблять Бога, начнется худшая война при Папе Пии XI. Когда вы увидите ночь, озаренную необычным светом, знайте, что это великий знак Божий того, что Бог готов наказать мир за злодеяния посредством войны, голода, и гонений на Церковь и Святейшего Отца. **Чтобы предотвратить это, я пришла просить о посвящении России моему Пренепорочному Сердцу и о причащении в возмещение грехов в первую субботу месяца. Если мои просьбы будут услышаны, Россия обратится и настанет мирное время. Если нет, то она распространит свои лжеучения по всему миру, вызывая войны и гонения на Церковь. Добрые будут мучимы, Святейший Отец будет много страдать, некоторые народы будут уничтожены. В конце моё Пренепорочное Сердце восторжествует. Святейший Отец посвятит Россию мне, и она обратится и некоторое мирное время будет даровано миру».** [8]*

Очевидно, под «лжеучениями, из России» (в другом переводе «ошибки России») Богородица имела в виду идеологию коммунизма – ленинизм, который активно распространялся из СССР (вплоть до Второй мировой войны через организации Коминтерна).

Конечно, было бы неправильно утверждать, что современная Россия является такой же «Империей зла» (по выражению Рональда Рейгана), каков был СССР во времена Ленина и Сталина. Автор не утверждает это, но рассматривает только историю развития имморализма в политической борьбе в России в конце XIX – начале XX века. Другое дело, что «родимые пятна» большевистской идеологии (в форме ностальгии по империи и некоторых симпатий к сталинизму) существуют в некоторой части властных элит Кремля до сих пор.

Существует ещё и третья тайна (третье пророчество) Богородицы, которое не открыто до сих пор. В 2008 году Ватикан сообщил, что это пророчество будет открыто после 2014 года... [9]

Папа Римский Иоанн Павел II (1920-2005, понтифик в 1978-2005) много времени посвятил Фатимскому чуду. В 1981 г. было совершено покушение на него. Он выжил. Его спасло лишь то, что в момент выстрела он повернулся к девочке из толпы, державшей образ Богоматери Фатимской. Однако понтифик был тяжело ранен. Находясь в больнице, из своей палаты папа разговаривал по телефону с матушкой Люсией, переписывался с ней и за время лечения прочитал всё, что только мог, о Фатиме. Выздоравливая, Иоанн Павел II сказал своему другу Павлу Хнилице:

*«В эти три месяца **я понял, что может решить все мировые проблемы, положить конец войнам, избавиться от атеизма и беззакония. Это обращение России.** Обращение России — в этом основной смысл Фатимы. После него совершится триумф Марии»*

Конечно, всё это не значит, что Россия должна принять католицизм. Православный мыслитель Владимир Зелинский так написал об этом:

"Мы не знаем всех сокровенных нитей, соединяющих разделенные Церкви, которые на глубине остаются Церковью единой, и Фатима на мгновение приоткрывает перед нами это единство... И через это откровение Запада России, верно, должно произойти и встречное откровение - России Западу... Фатима - весть о мистической и провиденциальной встрече, которая все еще впереди нас и которая совершится под

покровом Богоматери".("Русская Мысль", 17 мая 1991).

Literature

1. Heller, Mikhail (1988). Cogs in the Wheel. New York: Knopf. p. 12. ISBN 0-394-56926-1. "The Catechism of a Revolutionary, a chilling blueprint for the ideal "New Man," was the manifesto of a secret society called The People's Revenge (Narodnaya Rasprava).

2. Crenshaw, Martha (1995). Terrorism in Context. University Park: Pennsylvania State University Press. p. 72. ISBN 0-271-01015-0.

3. *Нечаев С. Г.,* Катехизис революционера / Революционный радикализм в России: век девятнадцатый. М.: Археографический центр, 1997. (С. 244-248).

4. *Гамбаров А. В.,* В спорах о Нечаеве. М.: Московский рабочий, 1926.

5. *Шуб Д. Н.,* Политические деятели России (1850-х— 1920-х гг.) (гл. 2 "Русские предтечи Ленина" IV. Бакунин, Нечаев и Ленин). Нью-Йорк: Издание «Нового журнала», 1969.

6. Воспоминания о Владимире Ильиче Ленине. М.: Политиздат, 1990.

7. *Ленин В. И.,* Полное собрание сочинений, 5-е издание. М.: Издательство политической литературы, 1967.

8. Lucia de Jesus, Fátima In Lucia's Own Words (1995), The Ravengate Press, pp. 104

9. Папа Римский скрывает правду о будущем России. Лиза Сайфер. – Утро.ру, 11 ноября 2008

www.ingramcontent.com/pod-product-compliance
Lightning Source LLC
Chambersburg PA
CBHW070242290526
45789CB00004B/1731